Gudrun Griesmayr

Hildegard von Bingen
Ganz sein – heil werden

Gudrun Griesmayr

Hildegard von Bingen

Ganz sein – heil werden

Aus der Reihe »VIER WOCHEN MIT ...«

VERLAG NEUE STADT
MÜNCHEN · ZÜRICH · WIEN

MIX
Papier
FSC FSC® C083411

CPI
Mehr Bäume.
Weniger CO_2.
www.cpibooks.de/klimaneutral

1. Auflage 2015

Gestaltung und Satz: Neue-Stadt-Grafik
Druck: cpi – Clausen und Bosse, Leck
ISBN 978-3-7346-1055-4

www.neuestadt.com
Printed in Germany

Inhalt

Zur Einführung
Eine faszinierende Gestalt 7

Erste Woche
STAUNEN ÜBER DIE
ALLES DURCHFLUTENDE LIEBE 19

Zweite Woche
UNSER LEBEN ALS DANKLIED 40

Dritte Woche
DAS LEBEN WÄHLEN,
DIE SCHÖPFUNG HÜTEN 58

Vierte Woche
HEIL WERDEN IN GOTT 76

Lebensdaten 92
Quellen und Literatur 95
Abkürzungen 96

ZUR EINFÜHRUNG
EINE FASZINIERENDE GESTALT

Hildegard von Bingen ist vielen Menschen vor allem bekannt durch ihre Ernährungslehre und die sogenannte Hildegard-Medizin. Vermutlich wissen die meisten, die sich für ihre natur- und heilkundlichen Schriften interessieren, auch, dass Hildegard eine Nonne war und eine prophetische Gabe sowie viele Visionen hatte.

Wer sich intensiver mit ihrem Leben beschäftigt, wird mit der Zeit entdecken, dass all ihren Schriften ein ganzheitlicher Lebensentwurf zugrunde liegt, ein theologisches Welt- und Menschenbild, das seinen Ursprung und seinen Zielpunkt im dreifaltigen Gott hat und in dessen Zentrum der Mensch als »Werk Gottes« steht. Christus, der Mensch gewordene Sohn Gottes, kommt in diesem Zusammenhang in den Blick als *das* Ebenbild des unsichtbaren Gottes; in ihm und auf ihn hin ist alles geschaffen (vgl. Kolosser 1,15f). Hildegards umfassendes Werk ist ein großer Wurf; vieles hat sie bis heute zu sagen; ihre Botschaft wirkt weit über die kirchlichen Kreise hinaus.

Wer war diese Frau?
Hildegard wurde 1098 auf dem Gut Bermersheim im Rheinhessischen als 10. Kind einer Familie des hohen Adels geboren. Mit acht Jahren wurde sie zur Erziehung ins Benediktinerinnenkloster Disibodenberg an der Nahe gebracht. Diese frühe Übergabe (*Oblation*) von Kindern an ein Kloster, in dem sie aufgezogen und unterrichtet wurden, war im Mittelalter nichts Ungewöhnliches.

Zwischen dem 15. und dem 18. Lebensjahr band sich Hildegard mit den ewigen Gelübden für immer an dieses Kloster. Dort wurde sie 1136 Äbtissin. 1150 siedelte sie mit einigen Schwestern in ihre Neugründung Rupertsberg bei Bingen am Rhein über, wo sie am 17. September 1179 starb.

Von ihrem 43. Lebensjahr an, zwischen 1150 und 1174, verfasste sie ihre Visionsschriften, ihre Natur- und Heilkunde, komponierte 77 geistliche Lieder, unterhielt eine umfangreiche Korrespondenz mit den unterschiedlichsten Menschen und unternahm immer wieder – bis in die letzte Lebensphase hinein – beschwerliche Reisen.

Früh als Heilige verehrt, aber nie offiziell heiliggesprochen, erließ erst Papst Benedikt XVI. am 10. Mai 2012 ein formelles Heiligsprechungsdekret und nahm Hildegard von Bingen ins Heiligenverzeichnis auf. Am 7. Oktober 2012 erhob er sie zudem zur Kirchenlehrerin (*doctor ecclesiae universalis*).

Liber Scivias (Wisse die Wege) ist Hildegards erstes und bedeutendstes Werk. In mystisch-prophetischer Schau entwickelt sie hier eine eigene Theologie und Anthropologie, ihre Lehre von Gott und vom Menschen. In ihrer Lebenskunde *Liber vitae meritorum* (Buch der Lebensverdienste) stehen der Mensch und sein ethisch-religiöses Handeln im Mittelpunkt. Ihre Kosmostheologie *Liber divinorum operum* (Buch der göttlichen Werke) deutet die Welt von Christus her. Zwischen 1151 und 1158 schreibt Hildegard ihre Naturkunde (*Physica*) und ihre Heilkunde (*Causae et Curae*) nieder, ein auch für den Volksgebrauch bestimmtes Arzneibuch. Auch in diesen mehr »praktischen« Büchern sind Natur, Mensch, Ernährung, Medizin eng mit dem

Heil-Werden der menschlichen Seele in der Beziehung zu Gott verbunden.

Mit ihren Niederschriften versetzt Hildegard ihre Umgebung in großes Erstaunen. 1147 erreicht die Kunde von ihren Visionen Papst Eugen III. Nach eingehender Prüfung erkennt er Hildegard als Prophetin an. Mächtige Herrscher wie einfache Menschen suchen bei ihr Rat und Hilfe. Auch mit Kaiser Friedrich Barbarossa traf sie zusammen. Auf ihren Reisen durch Deutschland und Lothringen predigte sie mit starken, leidenschaftlichen Worten gegen die Verweltlichung des Klerus und die sinkende Moral und warb für ein Leben im Einklang mit dem Willen des liebenden Schöpfers.

Was ist die Kernaussage von Hildegards Leben und Werk?
Zwischen Welt und Mensch besteht ein inneres Beziehungsgefüge; alles ist aufeinander bezogen, wechselseitig miteinander verbunden und in Gott untrennbar vereint: »Alles, was in Gottes Ordnung steht, gibt einander Antwort«, so ihre Erkenntnis. Dieser innere Zusammenhang allen Seins prägt auch das Leben des Menschen,

bis hinein ins Alltägliche, ob dieser es weiß oder nicht, ob er es hören will oder nicht, ob er sich danach richtet oder nicht.

Als *ein* »Werk« Gottes ist der Mensch Teil der Schöpfung, als *das* »Werk« Gottes ist der Mensch Krone der Schöpfung, dazu gerufen, die Welt zu gestalten und dabei den Lebenszusammenhang alles Geschaffenen zu achten und zu schützen.

Dem Menschen ist also Verantwortung übertragen, die er in Freiheit und mit Sinn und Verstand einsetzen soll. Er ist verantwortlich für sein Tun – im Blick auf die Natur, die ihn umgibt und ihm zum Nutzen gegeben ist; im Blick auf die Mitmenschen und den Umgang mit ihnen; im Blick auf sich selbst und sein Leben vor Gott.

Indem er seine Verantwortung für die ihm anvertraute Welt, die Mitmenschen und sich selbst wahrnimmt, wirkt er an Gottes Schöpfungswerk mit und verwirklicht darin seine Gottebenbildlichkeit. Dem empfangenen Leben und Auftrag entspricht als Grundhaltung die Dankbarkeit, die Ausdruck findet im Lobpreis Gottes.

Wiederentdeckung

Mitte des 20. Jahrhunderts kommt es zu einer überraschenden Wiederentdeckung der visionären Schriften Hildegards. Ihre Spiritualität, ihr Weltbild, ihre Einsichten und Ratschläge enthalten wichtige Impulse für unsere hochtechnisierte Welt. Sie können uns anleiten, den Menschen in allen Bereichen seiner leiblich-geistigen Existenz in den Blick zu nehmen und die kosmologische Dimension des Lebens wahrzunehmen. Wenn Hildegard vielen durch ihre medizinischen und die Ernährung betreffenden Empfehlungen bekannt ist, so ist das in diesen großen Zusammenhang einzubetten. Unabhängig vom – zwangsläufig zeitbedingten – Wert einzelner Ratschläge liegt in dieser Zusammenschau das bleibende Erbe Hildegards. Es ist der einzig adäquate Blick auf unser Sein, das selbst »symphonisch« ist. Dieses Verständnis, das Hildegard aus ihrer mystischen Schau des Urgrundes göttlicher Liebe zur Welt erwuchs, erscheint heute aktueller denn je.

Hildegard, die Mystikerin und Visionärin, war eine zutiefst »geerdete« Frau. Sie wollte mit ihren Schriften den Menschen in ihren alltäglichen Nöten Antwort geben. Dieses Anliegen verleiht ihren visionären Texten, die in manchen Teilen für uns heute (und oft auch schon für Hildegard selbst!) nicht leicht zu verstehen sind, einen unmittelbaren Bezug zur alltäglichen Lebenspraxis (H. Schipperges). Bei Hildegard treten immer wieder die Lebenswelt und die Lebenskunde in den Vordergrund. Die Frage nach der rechten Lebenspraxis, die Auseinandersetzung mit den Spannungen und Problemen verbindet sie mit der Frage nach dem Lebenssinn, einer Frage, die wir heute vielfach nicht mehr recht zu stellen wissen. »Wo aber solches Fragen im Menschen nicht ist, da ist auch nicht die Antwort des Heiligen Geistes«, sagt Hildegard. In der Barmherzigkeit Gottes findet sie einen Schlüssel, der in aller physischen und seelischen Not, auch in Schuld und Verstrickung eine neue Perspektive auftut: Alles kann hineingenommen werden in diesen großen, alles umgreifenden Sinnhorizont göttlicher Liebe, alles kann da Heilung finden.

Ganz sein, heil werden, mit dem Leben in Einklang stehen, seinen Sinn finden und zur Freiheit durchstoßen – wer sehnte sich nicht danach in einer Welt, die oft eine ganz andere Sprache spricht? Die Realität ist oft genug geprägt von »gestörter Harmonie«, von Dissonanzen im persönlichen Leben im Spannungsfeld von Familie, Beruf und Freizeit, in der Gesellschaft wie zwischen Völkern und Kulturen – und auch in der Natur und unserem Umgang mit ihr.

Hildegard spricht von einer verloren gegangenen und neu zu erstrebenden *integritas* des Menschen. Wenn wir heute einen Menschen als »integer« bezeichnen, meinen wir damit: Diese Person ist grundehrlich, unbescholten und verstellt sich nicht.

Hildegard hat den Zusammenhang von körperlicher und seelischer Befindlichkeit entdeckt, der Mensch ist eine Einheit von Leib, Seele, Geist. Sie hat die Auswirkungen einer »kranken Seele« auf den Körper erforscht, die Wechselwirkung eines gesunden Körpers mit der Seele, die heilende Wirkung der Natur mit ihren Kräutern, Wurzeln, Früchten und Mineralien beschrieben.

Hildegard selbst – die große Seherin, Autorin, Forscherin, Komponistin – war übrigens von schwächlicher Natur und schon als Kind häufig krank. In den autobiografischen Teilen ihrer Lebensbeschreibung und ihren Visionen ist von Krankheiten die Rede, die sie durchmachen musste, wenn sie zögerte – wie es häufig geschah –, die Visionen, die sie empfangen hatte, aufzuschreiben und mitzuteilen oder die darin enthaltene Weisung auszuführen. Dieses Zögern geschah aber »nicht aus Hartnäckigkeit«, wie Hildegard selbst erklärt, sondern weil sie sich für zu gering hielt und das Gerede der Menschen, ihren Argwohn und Vorurteile fürchtete (vgl. SC I,1). Sie wusste um die eigenen Schwächen und Grenzen. Selbst das Niederschreiben der Visionen und Auditionen war eine physische und psychische Anstrengung, die sie immer wieder an den Rand ihrer Kräfte brachte.

Doch das Leiden lenkte ihren Blick zurück auf Gott, dessen Barmherzigkeit und Liebe sie sich schließlich mit kindlichem Vertrauen überließ. So bekennt sie in einem Brief: »Durch Krankheiten werde ich stark gehemmt und oft derart in schwere Schmerzen verstrickt, dass sie mich zu Tode zu bringen drohen. Doch Gott hat mich bis jetzt immer wieder belebt ... Auf zweierlei Weise – nämlich hinsichtlich des Leibes und der Seele – kenne ich mich selbst nicht und erachte mich gleichsam als Nichts. Ich strecke mich nach dem lebendigen Gott aus und überlasse ihm alles, damit er, der weder Anfang noch Ende hat, mich vor dem Bösen bewahre« (Brief 103R).

Wie fand Hildegard zu ihrer *integritas*? Sie fand sie in dem, der selbst das Leben in Fülle ist und sich in unerschöpflicher Liebe den Menschen zuwendet, in Gott, unserem Vater, und in Christus, den Hildegard in einer Vision sagen hört:

»Ich bin das ganz heile Leben:
nicht aus Steinen geschlagen,
nicht aus Zweigen erblüht,
nicht wurzelnd in eines Mannes
Zeugungskraft.
Vielmehr hat alles Leben
seine Wurzel in mir. ...
Und so diene ich helfend.
Denn alles Leben erglüht aus mir.
Das ewig sich gleichbleibende Leben
bin ich, ohne Ursprung und ohne Ende.«

(LDO I,1)

Dieses Buch möchte einladen, eine Zeitlang mit Hildegard zu gehen, sich von einigen ihrer Gedanken und Ein-Sichten begleiten und inspirieren zu lassen. Es folgt dem bekannten Vier-Wochen-Schema: Für jeden Tag gibt es einen kurzen Impuls, der in den Alltag hinein weiterwirken kann.

Die inhaltliche Linie versucht Hildegards großen Linien zu folgen.

Am Anfang steht das staunende Ergriffen-Sein angesichts der alles gründenden, durchwebenden, verbindenden Liebe des Schöpfers (*Erste Woche: Staunen über die alles durchflutende Liebe*).

Vor diesem Hintergrund lädt Hildegard dazu ein, uns selbst wahrzunehmen als »Gottes Werk« und mit unserem Leben auf seine Liebe zu antworten (*Zweite Woche: Unser Leben als Danklied*).

Wir sind Teil einer kosmischen Symphonie, sind hineingestellt in den großen Zusammenhang der Schöpfung, in der und für die wir Verantwortung tragen (*Dritte Woche: Das Leben wählen, die Schöpfung hüten*).

In dieser Welt, inmitten von allem, sind wir berufen, »heil» und »heilig« zu werden in kluger Lebensführung und in der lebendigen Verbindung mit Gott, in dem wir unsere *integritas* finden, unser Ganz- und Heilsein (*Vierte Woche: Heil werden in Gott*).

Ein streng lineares Denken liegt aller Mystik fern; sie hat eine andere »Logik«, einen anderen Blick auf die Wirklichkeit. Während die Wissenschaftssprache der Präzision des Ausdrucks und der Gedankenführung bedarf, entspricht ihr eher die bildhaft-poetische Sprache und das intuitive Umkreisen, das einen tiefen Zugang zum Leben und seinem Geheimnis ermöglicht. Hildegard, die Mystikerin und Visionärin, kann uns helfen, hineinzufinden in eine solche tiefe Sicht, die wie von selbst in unser ganz konkretes, alltägliches Leben hineinwirkt.

Gudrun Griesmayr

Erste Woche

Staunen über die alles durchflutende Liebe

»Von der Tiefe bis hoch zu den Sternen überflutet die Liebe das All, liebend ist sie allem zugetan.« (Carmina 16)

Hildegard hatte eine besondere Gabe der Einsicht in die Zusammenhänge der geschaffenen Welt von Gott empfangen; schon als Kind widerfuhren ihr Momente innerer Schau.

In der Mitte ihrer Lebenszeit, genauer: im 43. Lebensjahr, erhielt sie den Auftrag, mitzuteilen und aufzuschreiben, was sie sah und hörte. Es folgte ein schmerzlicher Prozess seelischer und körperlicher Leiden, bis Hildegard bereit war, sich diesem Ansinnen Gottes zu stellen, das sie als Überforderung empfand. In einem Brief an einen Pariser Theologen schrieb sie:

> »Die Feder fliegt nicht aus sich selbst, sondern sie wird von der Luft getragen. So bin auch ich nicht mit menschlicher Lehrweisheit noch mit starken Kräften ausgestattet. Auch strotze ich nicht von körperlicher Gesundheit. Einzig Gottes Hilfe ist mein Halt.«
>
> (Brief 40R)

An anderer Stelle heißt es:

> »Ich zittere zwar immer vor Furcht, weil ich sehr unsicher bin, was meine Fähigkeiten betrifft. Doch ich strecke meine Hände nach Gott aus, damit er mich wie eine Feder, die ohne jede Schwerkraft im Wind treibt, trägt.«
>
> (Brief 103R)

Eine Gabe, die Gott einem Menschen schenkt, ist nie für diesen allein bestimmt. Sie ist stets verbunden mit einem Auftrag und einer Sendung »für die Welt«. Die Hildegard geschenkten Einblicke in die alles hervorbringende, alles durchströmende Liebe sollte vielen zugute kommen. Immer wieder hat sie über diese Liebe geschrieben, und sie kann uns helfen, uns dieses Geschenks neu bewusst zu werden. Nicht der

Blick auf die eigene Bedürftigkeit, auf unsere Probleme, auf die manches Mal bedrängenden Herausforderungen soll das Erste sein, sondern der Durch-Blick auf den, dem sich alles, dem auch wir uns verdanken. Hildegard ermutigt zu dieser befreienden Prioritätensetzung, sie ermutigt dazu, uns so, wie wir sind, von *ihm* tragen zu lassen, »wie eine Feder im Wind«.

1. Tag

»Aus der Liebe ist die Schöpfung hervorgegangen; denn die Liebe war das Allererste.«

(Brief 85R/A)

»O wahrer Gott, welch große Geheimnisse hast du in deinen Geschöpfen gestaltet und dem Menschen, deinem großen Kunstwerk, anvertraut. Du hast die Kräfte deiner Allmacht schöpferisch entsandt; du hast das herrliche Dach mit seinen Fenstern, das Firmament mit seinen Leuchten, geschaffen. An ihm hast du die Sonne festgemacht, die mit ihrem Licht alles über der Erde und unter der Erde erleuchtet. Ihr sind die übrigen Leuchten verbunden, und wie diese durch die Sonne leuchten, so gehorchen dir alle Geschöpfe. In dir und durch dich leben sie alle. Durch deine Liebe ist alles geschaffen; denn du, ewiger Gott, bist die wahre Liebe.«

(Gebet)

»Gott ist die Liebe«, so verkündet es das Neue Testament. Dass Gott die Liebe ist, erfährt Hildegard existenziell in ihren Visionen, durch die der Geist Gottes ihr den Sinn der Schrift erschließt, obgleich sie die Worte nicht versteht. Es ist die sich verströmende Liebe des dreifaltigen Gottes, die alles ins Leben ruft. Der »Kuss« ist Sprache der Mystik und Ausdruck der innigen Liebesbeziehung Gottes zu seiner Schöpfung. Er steht zugleich für den Lebensatem, den Gott allem Geschaffenen einhaucht. Als »König« ist Gott absolut souverän und frei und zugleich maß-los verschwenderisch im Ausgießen seiner göttlichen Liebe.

»Der Schöpfer hat sein Geschöpf,
als er es schuf,
dadurch geschmückt,
dass er ihm seine große Liebe schenkte.
So ist alles Gehorchen der Kreatur
nur ein Verlangen
nach dem Kuss des Schöpfers;
alle Kreatur empfing
den Kuss des Schöpfers,
da Gott ihr alles gab, was sie brauchte.«

(LVM V,39)

Impuls zur Reflexion: Heute denke ich daran, dass ich aus der großen Liebe des Schöpfergottes hervorgegangen bin.

Beim Blick in den Spiegel mache ich mir bewusst: Ich bin gewollt, geliebt. Mein Leben ist mir geschenkt. Gott hat Ja zu mir gesagt, und er sagt es auch heute zu mir, so wie ich bin und geworden bin.

2. Tag

»Als Gott die Welt erschaffen wollte, neigte er sich in zärtlicher Liebe herab und sorgte für alles Notwendige, wie ein Vater, der seinem Sohn das Erbe bereitet; in glühendem Eifer ordnete er alle seine Werke. Da erkannte die Schöpfung in diesen Gestalten und ihren Formen ihren Schöpfer; denn die Liebe war im Urgrund der Schöpfung schon da, als Gott sprach: „Es werde, und es ward" (Genesis 1,3).« (Brief 85R/A)

Hildegard vergleicht die schöpferische Liebe Gottes zu seiner Kreatur mit der Liebe eines Vaters, der seinem Sohn das Erbe bereitet.

Wenn Hildegard sagt, der Mensch sei das »volle Werk Gottes«, dann kommt darin die Überzeugung zum Ausdruck, *dass* Gott das, was er selbst ist, in den Menschen hineingelegt hat. Der Mensch trägt in sich die ganze Welt, er ist Kosmos im Kleinen und zugleich Teil eines Kosmos, in dem alles miteinander verbunden und aufeinander bezogen ist. Als »Krone der Schöpfung« und »Spiegel Gottes« soll der Mensch Gottes Werk gemäß der göttlichen Ordnung auf Erden weiterführen. Dann wäre auch die Welt »Spiegel der Wunderwerke Gottes« im Menschen und ein Stück »Himmel«.

Wir mögen uns verloren in den Weiten des Weltalls vorkommen. Doch der Glaube sagt uns: »Die Schöpfung ist ein Akt der Liebe, durch den die Welt aus dem Nichts hervorgehen kann: Deshalb wird die ganze Schar der Geschöpfe wie der Lauf eines Flusses von der göttlichen Liebe durchströmt. Unter allen Geschöpfen liebt Gott besonders den Menschen« (Benedikt XVI., Caritas Christi, Nr. 4); Gott, der dieses immense Wunderwerk, die Schöpfung, hat werden lassen, hat von jeher uns Menschen im Sinn gehabt. Er hat jeden von uns auf diesen Planeten gestellt, damit wir Gottes Erbe antreten und sein Werk weiterführen.

Impuls zur Reflexion: Heute betrachte ich die Welt als »mein Erbe«, das Gott in seiner Liebe mir anvertraut hat. Beim Blick in den Sternenhimmel denke ich daran, dass der unendliche Gott *mich* berufen hat, mit ihm zu leben.

3. Tag

[Gott spricht:]

»Ich sprach mein kleines Werk, das der Mensch ist, in mich hinein. Ich formte es nach meinem Bild und Gleichnis, damit es sich auf mich zu verwirkliche. Ich sprach mein kleines Werk, das der Mensch ist, in mich hinein. Dieses formte ich nach meinem Bild und zu meiner Ähnlichkeit, damit es sich darin auf mich zu verwirkliche, weil mein Sohn das Gewand des Fleisches als Mensch annehmen wollte.« (LDO I,4,105)

Der dreifaltige Gott hat im Menschen sein eigenes Bild eingeprägt, sodass man in ihm, dem Menschen, wie in einem Spiegel Gott sehen kann. Mehr noch: Gott hat sich selber die Gestalt seines Geschöpfs, das der Mensch ist, eingeprägt. In seinem Sohn, dem Logos, dem Wort, durch das alles geschaffen ist, ist er selbst Mensch geworden. Er wollte einer von uns werden und alles mit uns teilen. Der Mensch, so könnte man sagen, gibt Gott seine sichtbare Gestalt: Wer Jesus gesehen hat, der hat den Vater gesehen (vgl. Johannes 14,12).

> »Gott erschuf die Gestalt des Menschen nach seinem Bild, ihm ähnlich. Denn er wollte, dass diese Gestalt die Heilige Gottheit bekleiden sollte. So zeichnete er auch die ganze Schöpfung in den Menschen hinein, da ja alle Welt aus seinem Wort hervorging.«
>
> (LDO I,4,14)

> »Als Gott den Menschen erschuf, prägte er ihm die ganze Schöpfung ein, wie man Zeit und Jahr auf ein kleines Stück Pergament schreibt.« (Brief 149R)

In ihrer Lehre vom Menschen folgt Hildegard der biblischen Erzählung von der Erschaffung des Menschen (vgl. Genesis 1,26). »Nach der auf die Bibel gegründeten Kosmologie Hildegards enthält der Mensch alle Elemente der Welt, weil in ihm, der aus derselben Materie wie die Schöpfung geformt ist, das gesamte Universum zusammengefasst ist. Deshalb kann er bewusst zu Gott in Beziehung treten ... Das göttliche Bild im Menschen besteht in seiner Vernunftbegabtheit, die in Verstand und Willen gegliedert ist« (Caritas Christi, Nr. 5). Wichtig ist auch, dass sie den Menschen »als Einheit von Leib und Seele« sieht: »Bei der deutschen Mystikerin stellt man eine positive Wertschätzung der Leiblichkeit fest, und auch in den Zeichen der Gebrechlichkeit, die der Leib aufweist, vermag sie einen von der Vorsehung bestimmten Wert zu erfassen: Der Leib ist nicht eine Last, von der man sich befreien muss, und selbst wenn er schwach und gebrechlich ist, „erzieht" er den Menschen zum Sinn für die Kreatürlichkeit und Demut, indem er ihn vor dem Hochmut und der Arroganz schützt« (ebd.).

Impuls zur Reflexion: Heute mache ich mir die Würde bewusst, die Gott uns Menschen geschenkt hat. Ist es nicht Grund zum Staunen, dass wir, »von der Erde genommen«, imstande sind, zu fühlen und zu lieben, zu denken und zu erkennen ...? Wie kostbar ist jeder Tag auf Erden, jede Stunde unseres Lebens! Wie groß ist der Mensch, den Gott dadurch geadelt hat, dass er selber einer von uns geworden ist, »in allem uns gleich, außer der Sünde« (Hebräer 4,15)!

4. Tag

»Kein Geschöpf, das Leben hat, ... soll danach trachten, aus sich selbst heraus seine Ehre zu finden. Die volle Freude darüber, dass er zu etwas nütze sei, kann ja der Mensch nicht aus sich selber haben; sie muss ihm vielmehr von einem anderen geschenkt werden.
Erkennt der Mensch aber die Freude, die ihm vom andern entgegenkommt, so empfindet er in seinem Herzen großes Entzücken. Denn dann erinnert sich die Seele, dass sie von Gott geschaffen ist.«

(LDO III,6,5)

Als Menschen leben wir aus dem Empfangen: von Gott, von der Schöpfung, von Unseresgleichen. Das Wichtigste im Leben, ja das Leben selbst ist Geschenk. Nicht das, was von uns selber ausgeht, ist das Erste, sondern das, was wir empfangen. Doch in einer Gesellschaft, in der das Machen und die eigene Leistung einen so hohen Stellenwert haben, fällt das Umschalten vom „Senden" auf das „Empfangen" oft schwer. Wir sind gewohnt zu agieren und machen mehr oder weniger bewusst unser Selbstwertgefühl an dem fest, was wir zustande gebracht haben. Wir wollen den Erfolg und erfolgreich erscheinen. Der Weg, der zur Freude führt, aber ist und bleibt ein anderer: Wir sind dafür gemacht, beschenkt zu werden und zu schenken. Das Lebensgesetz, das der dreifaltige Gott in die Welt hineingelegt hat, ist die Liebe im Hin und Her von Empfangen und Geben.

Wo wir in dieses „Gesetz" hineinfinden, verspüren wir im Herzen „ein großes Entzücken", dann „erinnert sich die Seele, dass sie von Gott geschaffen ist", wie Hildegard es formuliert. Die Empfangsbereitschaft für das Geschenk des anderen lässt die Freude darüber im Herzen aufbrechen und weckt die Erinnerung an den in der Erschaffung bzw. Erwählung empfangenen göttlichen »Kuss der Liebe«.

Impuls zur Reflexion: Heute bin ich wachsam für das, was mir von den anderen als Geschenk entgegenkommt.

5. TAG

»Alles, was in der Ordnung Gottes steht,
antwortet einander.
Die Sterne funkeln vom Licht des Mondes,
und der Mond leuchtet vom Feuer der Sonne.
Jedes Ding dient einem Höheren,
und nichts überschreitet sein Maß.«

(LVM II,22)

»Die Kräuter bieten einander
den Duft ihrer Blüten an,
ein Stein strahlt seinen Glanz
auf die anderen.
Alles, was lebt,
hat einen Urtrieb
nach liebender Umarmung.
Auch steht die ganze Natur
dem Menschen zu Diensten,
und in diesem Liebesdienst
legt sie ihm freudig
ihre Güter ans Herz.«

(LVM I,17)

»Jedes Element hat,
wie es von Gott geordnet worden ist,
seinen Ton.
Alle zusammen
sind sie wie der Klang der Saiten einer Zither
zur Einheit verbunden.«

(Quaestio XXVII)

Hildegard versteht, dass in der Schöpfung alles aufeinander bezogen ist und voneinander lebt. Der Mond wird von der Sonne beschienen, dieser wiederum leuchtet den Menschen in der Nacht, gibt das empfangene Licht weiter.

Auch der Mensch ist in diesen tiefen inneren Zusammenhang allen Seins eingebunden; er wird gleichsam »liebevoll umarmt« von »aller Welt«, die Gott in seiner Liebe für ihn bereitet hat.

Impuls zur Reflexion: Heute nehme ich die »liebende Umarmung« der Welt, der Schöpfung, aller Kreatur dankbar aus Gottes Hand entgegen.

Ist es nicht staunenswert, wie viel zusammenspielen musste, damit die Gattung Mensch auf diesem kleinen Planeten in den Weiten des Alls entstehen konnte? Und ist nicht ebenso staunenswert, wie viel – Menschen und Zufälle oder Fügungen – zusammengewirkt hat, dass es mich gibt? Ein Wunder ist das Leben, ein Wunder der Mensch, jeder Mensch, ein Wunder das große Ganze!

6. Tag

»Wenn ich mit offenen Augen betrachte, was du, mein Gott, geschaffen hast, besitze ich hier schon den Himmel. Ruhig sammle ich im Schoß Rosen und Lilien und alles Grün, während ich deine Werke preise.«

(LVM V,17)

* * *

»Du hast in dir
den Himmel und die Erde.«

»Der Himmel auf Erden ist überall,
wo Menschen von Liebe zu Gott,
zu den Mitmenschen
und zu sich selbst erfüllt sind.«

(Zit. nach: Symphonisches Sein, 55f)

Der Mensch, so wird Hildegard in einer Vision gezeigt, ist die ganze Welt im Kleinen, ein Mikrokosmos, und zugleich nur ein kleiner Teil von Gottes unendlicher Schöpfung. Er entstammt der Erde, er ist irdisch. Und zugleich ist er – in seiner Geistigkeit *und* Leiblichkeit – Wohnung seines eigenen Schöpfers, Wohnung des dreifaltigen Gottes.

»Wenn jemand mich liebt, wird er an meinem Wort festhalten; mein Vater wird ihn lieben und wir werden zu ihm kommen und bei ihm wohnen« (Johannes 14,23). Unvorstellbar groß ist die Berufung des Menschen: Wohnung Gottes zu werden, sein Tempel, Ort seiner Gegenwart.

Als Ebenbild Gottes hat der Mensch auch die ganze himmlische Welt in sich, das Prinzip des Lebens und allen Seins: die göttliche Liebe. Wo diese Liebe zum Zug kommt: in der Wertschätzung für die Schöpfung, in geschwisterlichen Beziehungen unter den Menschen, in der Annahme seiner selbst als geliebtes Kind Gottes – da ereignet sich hier auf der Erde etwas von der Lebenswirklichkeit Gottes selbst, da erfahren wir ein Stück »Himmel auf Erden«.

Hildegard gibt uns zu verstehen, dass dies keine fromme Theorie ist. Etwas vom Himmel lässt sich bereits erspüren, wenn jemand »sammelnd« die Werke des Schöpfers betrachtet: »Rosen und Lilien«, all das, was uns an Schönheit in die Augen springt und das Herz weit werden lässt, kann uns etwas vom Himmel verspüren lassen. Wer sich Raum und Ruhe zum Schauen nimmt, der wird wie von selbst dahin kommen, den Schöpfer zu preisen und ihm zu danken. Ja, schon die Schönheit der Schöpfung ist ein Vorgeschmack des Himmels.

Eine besondere Dichte findet diese Erfahrung in der »Liebe zu Gott, zu den Mitmenschen und zu sich selbst«, wie Hildegard schreibt. Wenn wir an Jesu Wort, an seinem Liebesgebot festhalten, sind wir vom Gottesgeist erfüllt; der Vater und Jesus werden kommen und in uns wohnen; der Herr wird mitten unter uns sein: »Himmel auf Erden«.

Impuls zur Reflexion: Heute halte ich Ausschau nach den Spuren der Liebe Gottes in der Natur, in den Menschen, die mir begegnen, in mir selbst und in den Beziehungen untereinander. Und am Abend werde ich die Spuren des Himmels, die sich mir heute aufgetan haben, »einsammeln« und Gott dafür danken.

7. Tag

»Mitten im Weltenbau steht der Mensch ... Die Kräfte seiner Seele umfassen den gesamten Erdkreis ... Zwar ist er von kleiner Statur, an Seelenkraft jedoch gewaltig. Sein Haupt emporgerichtet, die Füße auf festem Grund, vermag er das Obere wie das Untere in Bewegung zu versetzen.«

(LDO I,2,15)

»Da Gott dieses Werk vollendete, übergab er dem Menschen die ganze Schöpfung, damit er mit ihr wirken könne, und zwar in genau der gleichen Weise, wie auch Gott sein Werk – den Menschen – gebildet hatte.«

(LDO I,1,2)

Gott hat dem Menschen seine Schöpfung als Erbe übergeben. Der Mensch »steht« in der Verantwortung, die Welt in Gottes Sinn zu gestalten. Im Vergleich zum unendlichen Universum ist er winzig, doch die Aufgabe, die Gott dem Menschen überträgt, könnte größer nicht sein.

Gott überlässt den Menschen damit nicht sich selbst. Mit der Aufgabe schenkt er ihm zugleich die Befähigung zu diesem Werk, setzt er den Menschen »in Stand«, alles zu erreichen, was er diesem aufgetragen hat.

Unsere innere Kraft ist die göttliche Liebe, die in uns lebt. »In genau der gleichen Weise wirken, wie auch Gott sein Werk – den Menschen – gebildet hat«, das heißt nichts anderes als: denken, sprechen, handeln in Liebe, aus Liebe, uns selber einbringen mit allem, was wir sind und haben.

Impuls zur Reflexion: Heute danke ich Gott für das Vertrauen, das er in mich setzt, seine Welt verantwortungsvoll zu gestalten, und für die Talente, mit denen er mich ausgerüstet hat.

Zweite Woche

Unser Leben als Danklied

»Die Seele entstammt der himmlischen Harmonie; sie selbst hat etwas von dieser Musik in sich.«

(Brief 23)

Hildegard war ein musikalischer Mensch. Davon zeugen unter anderem ihre Kompositionen, die Ausdruck ihrer Liebe zu Gott und zu allen Geschöpfen sind. Sich selbst hat sie als »Posaunenton« Gottes bezeichnet, und getanzt mit ihren Schwestern hat sie auch.

In ihren Werken nutzt Hildegard Begriffe der Musik, um den inneren Zusammenhang des Kosmos zu beschreiben. Als Symbol dient der Ton, der Klang, der in der Harmonie des Himmels auf vollendete Weise erklingt. Musik und

Gesang sind für Hildegard ein nachklingender Überrest aus dem Paradies, ein »Widerhall aus dem Ur-Klang des dreieinigen Gottes« – und zugleich ein (unbewusster) Ausdruck der menschlichen Sehnsucht nach dem Himmel: Die Musik weckt im Menschen diesen in ihm schlummernden tiefen Wunsch.

Deshalb sind auch musikalischer Lobpreis und Dank für Hildegard so wichtig. Darin drückt sich etwas von der ursprünglichen gottgeschenkten Harmonie der Schöpfung und des Menschen aus; es ist der Jubel über Gottes Heilshandeln in der Geschichte und für die Erlösung.

Hildegard unterscheidet zwischen der »Musik des Himmels« und der Musik, die auf der Erde spielt. Die irdische Harmonie ist gestört aufgrund der Abkehr des Menschen von Gott. Doch je mehr der Mensch zu seiner ursprünglichen Berufung zurückfindet, »Spiegel der Wunderwerke Gottes« zu sein, desto »gereinigter« kann diese Musik ertönen, bis sie in den vollen Einklang mit der himmlischen Harmonie mündet. Das ist möglich, sagt Hildegard, weil die Seele des Menschen selbst symphonisch ist und ihren eigenen Ton hat, den Ton der himmlischen Harmonie, den es in sich wiederzufinden gilt.

Im Zusammenklang von Seele, Geist, Leib will unsere Lebensmelodie zum Tönen gebracht werden; sie soll einschwingen in den symphonischen Klang der Schöpfung und der Gemeinschaft der Menschen. So kann unser Leben antworten auf das göttliche Wort der Liebe, es soll und kann zu einem Danklied werden.

1. TAG

»Vom flammenden Lauf des höchsten Äthers, durch den das Firmament aufgewölbt wird, erklingt jauchzend und herrlich der Klang der Elemente, wie die wohltönende, symphonische Stimme des menschlichen Geistes ... Denn jedes Element hat, wie es von Gott geordnet worden ist, seinen Ton. Alle zusammen sind sie wie der Klang der Saiten einer Zither zur Einheit verbunden.«

(Quaestio XXVII)

»O Urkraft aus Ewigkeit, geordnet hast du in deinem Herzen das All. Alle Dinge der Welt, wie sie da sind – du hast sie gewollt und aus deinem Wort geschaffen.
Das lebendige Getier im Wasser und am Himmel, du hast es geschaffen. Nach deinem Bild hast du den Menschen geformt, als Mann und Frau. „Werk aus Gottes Hand" bist du, o Mensch, erschaffen in hoher Heiligkeit,

da die heilige Gottheit in ihrer Demut die Himmel durchdrang. So groß ist seine Güte: Die Herrlichkeit Gottes erstrahlt nun im irdischen Urstoff, und die Engel, die Gott dienen, schauen die Menschlichkeit Gottes!«

(Aus den Carmina)

Gott hat gesprochen – und Welt und Mensch sind geworden. In einer Vision sieht Hildegard den Kosmos – Welt und Mensch – in der ursprünglichen Einheit des göttlichen »Baumeisters«. Dieses harmonische Zusammenwirken der von Gott geschaffenen Welt beschreibt sie im Bild der Zither, die für die Einheit des Kosmos steht. Die Zither besteht aus vielen einzelnen Saiten, die jede ihren eigenen Ton hat, doch erst der gemeinsame Klang aller ergibt die Melodie. So ist auch alles in der Schöpfung aufeinander bezogen und einander zugeordnet. Auch der Mensch ist dazu bestimmt, seinen Part in der vielstimmigen Symphonie der wunderbaren Schöpfung Gottes zu spielen.

Impuls zur Reflexion: Heute mache ich einen Spaziergang und lausche dem Klang der Elemente: dem Rascheln der Blätter im Wind, dem Plätschern des Wassers, dem Gesang der Vögel, den Geräuschen menschlicher Schaffenskraft ...

Vielleicht kommt mir spontan ein Danklied auf die Lippen; vielleicht kann umgekehrt auch ein Lied meine Seele »erheben« lassen, wie es in einem bekannten Lied heißt: »Dass du mich einstimmen lässt in deinen Jubel, o Herr, deiner Engel und himmlischen Heere; das erhebt meine Seele zu dir, oh mein Gott, großer König, Lob sei dir und Ehre!«

2. Tag

»Die Seele des Menschen trägt in sich einen Wohlklang, einen Zusammenklang, und sie ist selber tönend und klingend.«

(LVM IV,59)

»Der Schöpfer des Alls, der die Erde zu einer Werkstätte gemacht hat, hat die Seele auf sich hin geschaffen.«

(LDO I,4,72)

Hildegard sagt, die Seele erklinge wie ein Lied. In die große Symphonie bringt jeder seine eigene Stimme ein. Anders gesagt, jeder von uns hat seinen eigenen inneren Ton, der ein Widerhall der göttlichen Symphonie ist, die Gott bei der Schöpfung in alle Wesen hineingelegt hat.

Dieser »Ton« ist seinerseits nie ein-tönig, sondern vielstimmig, er erklingt in unserem Denken, Fühlen, Wollen und bestimmt so unser

Handeln. »Äußerer Resonanzraum« ist unser Körper. Auch unsere Sprache spiegelt diese Zusammenhänge. Man sieht uns an, wie wir »gestimmt« sind, man spürt »irgendwie«, ob das Leben eines Menschen »stimmig« ist oder nicht. Es fällt auf, wenn sich jemand »im Ton« vergreift. Im tagtäglichen Tun und Treiben kommen wir kaum dazu, dem nachzuspüren, wie wir gestimmt sind. Ob wir im Einklang sind mit jener Melodie, die zutiefst »unsere« ist. Wir brauchen freilich Zeiten und Räume, in denen wir zu uns, zu dieser Melodie tief in unserm Innern finden.

Impuls zur Reflexion: Haben wir schon einmal versucht, auf den Klang des Geistes in uns zu lauschen, in dem, *was* wir tun und *wie* wir es tun, uns einzuschwingen in seine Melodie? Es kann hilfreich sein, die Stille zu suchen (in der Natur, in einer Kirche) oder auch das Zusammensein mit Menschen, bei denen wir einfach »sein dürfen«. Oder eine CD zu hören, die uns berührt, die das Herz zum Klingen bringt ...

3. Tag

»Ein Mensch, „der das Leben besitzen möchte" [vgl. Benedikt-Regel, Prolog 15], darf nicht gespalten sein. Auf welche Weise? Als ob es Gott nicht gäbe, das heißt ohne zu ihm aufzuseufzen, sich zu ihm hingezogen zu fühlen und ihm zu sagen: Du hast mich geschaffen.«

(Brief 42)

Als Benediktinerin lebte Hildegard aus der Regel ihres Ordensgründers Benedikt von Nursia. Sie war überzeugt, dass Gott die Quelle ihres Lebens ist und ihr daraus immer neues Leben zufließt. Und sie war beseelt von dem Wunsch, dass jeder Mensch zu dieser Quelle (zurück)findet, dass er sie in sich (wieder)entdeckt. Denn das Leben des Menschen wird »ganz«, wenn es sich nach dem ausstreckt, der es ihm geschenkt hat.

Das »Aufseufzen«, von dem Hildegard spricht, ist Ausdruck von Reue und Sehnsucht:

Der Geist ist am Werk und bringt das göttliche Leben neu zum Klingen und lässt das Geheimnis der göttlichen Liebe erahnen.

Gerade für uns heute ist dieser Impuls von großem Wert. Wir leben in vielerlei Zusammenhängen, springen und hüpfen von einer Sache zur nächsten, haben hier diese, dort jene Rolle zu spielen. Unser Leben kann wie ein Fleckerlteppich erscheinen: Ergibt es ein Ganzes? Oder ist es Stückwerk? Wir können vieles nicht ändern. Aber wir können es in Beziehung zu *dem* bringen, der uns in allem, was wir zu tun haben oder was auf uns zukommt, nahe sein will, begleiten will, stärken, trösten, inspirieren kann.

Unser Leben muss nicht »gespalten« sein: Wenn wir alles dem schenken, der es uns geschenkt hat, dann wird auch ein vielbeschäftigtes Leben zu einem Leben »aus einem Guss«.

Impuls zur Reflexion: Ich danke Gott für das Leben, das er mir geschenkt hat, und lege alles, was ich bin und habe, was ich tue und was auf mich zukommt, in seine Hand: »Herr, du kennst mich, *alles* schenke ich dir.«

4. Tag

»Mein Gott,
du hast mich geschaffen,
ich lebe durch dich
und trachte nach dir,
wenn ich mit Seufzen das Gute erflehe.
Ich kenne dich ja als meinen Gott
und weiß nur, dass ich dir dienen darf;
denn du hast mir Einsicht gegeben.
O du mein Helfer bei allem Guten,
durch dich vollbringe ich gute Werke.
Auf dich will ich all meine Hoffnung werfen
und mich bekleiden mit deiner Huld.«

(Gebet)

Hildegard kennt ihre Schwächen und Grenzen, und doch ist sie sich bewusst, von Gott einen Auftrag zu haben, den es in Treue auszuführen gilt, gegen alle inneren und äußeren Widerstände, die zu überwinden sind. Dabei macht sie immer wieder die Erfahrung, dass Gott in ihr sein Werk voranbringt und in ihr »das Wollen und das Vollbringen bewirkt« (Philipper 2,13). Deshalb vertraut sie lieber auf Gott und auf seine Liebe und Barmherzigkeit statt auf sich selbst. Es geht nicht darum, Schuld zu verdrängen. Es geht darum, nicht in der Falle der Selbstvorwürfe stecken zu bleiben. Eine bekannte chassidische Erzählung bringt dies sehr schön auf den Punkt; Rabbi Elieser gibt seinem sich grämenden Schwager den weisen Rat: »Du sollst dich nicht immerzu mit dem quälen, was du falsch gemacht hast, sondern die Seelenkraft, die du auf solche Selbstvorwürfe verwendest, sollst du der Tätigkeit an der Welt zuwenden, für die du bestimmt bist. Nicht mit dir sollst du dich befassen, sondern mit der Welt.« Wenn wir uns »bekleiden mit Gottes Huld«, wie Hildegard sagt, wenn wir uns ausrichten auf Gott und seiner Barmherzigkeit vertrauen, gewinnen wir die nötige Freiheit, um zu erkennen, was ansteht.

Impuls zur Reflexion: An Gottes Barmherzigkeit will ich glauben und darauf achten, zu welchem Tun der Geist Gottes mich drängt. Ich danke Gott für seine Güte und seinen Beistand.

5. TAG

»Tut der Mensch gute Werke, so nehmen die Elemente ihren rechten Lauf. ... Denn alles, was der göttlichen Ordnung entspricht, gibt einander Antwort.«

(LVM)

»Um die Welt steht es gut, wenn die Elemente ihre Schuldigkeit tun, wenn Wärme, Tau und Regen jeweils zur rechten Zeit und maßvoll kommen ... und Fruchtbarkeit und Gesundheit bringen; kämen sie plötzlich alle zusammen oder im falschen Maß, so würde die Erde zerbersten und ihre Fruchtbarkeit und Gesundheit zunichte werden. Ähnlich ist es mit dem Menschen: Die Elemente erhalten ihn und machen ihn gesund, wenn sie ordnungsgemäß in ihm tätig sind; wenn sie aber gegeneinander stehen, machen sie ihn krank und töten ihn.«

(CC II,96)

»Alles gibt einander Antwort«, sagt Hildegard. Das Tun des Menschen ist nicht »autark«. Und es hat Auswirkungen – unmittelbare und mittelbare – auf ihn selbst, auf die Menschen in seinem Lebensumfeld und auf die »Elemente«, das heißt die ihn umgebende geschaffene Welt. Ein Stein, der ins Wasser geworfen wird, zieht Kreise. Im Bild der »kommunizierenden Röhren« gesagt: Je mehr Leben ich gebe, desto mehr Leben kann entstehen oder wachsen.

Hildegard weist darauf hin, dass »Wärme, Tau und Regen *zur rechten Zeit, maßvoll* niederfallen« müssen, damit alles gedeihen kann. Gerade Menschen, denen am Guten gelegen ist, laufen Gefahr, zu übertreiben – mit der Folge, dass sie manchmal das Gegenteil dessen erreichen, was sie gewünscht haben.

Impuls zur Reflexion: Heute achte ich bei dem, was ich tue, einmal bewusst auf die Auswirkungen auf mich und andere. *Was* ich tue und *wie* ich es tue, kann lebendig machen und Menschen aufblühen lassen – oder auch nicht.

6. Tag

»Du besitzt sehr viel Einsicht, es wird aber auch viel Verständnis von dir verlangt. Viel ist dir geschenkt, viel wird auch von dir gefordert. Doch bei all dem bin ich [der Herr] das Wichtigste und deine Hilfe. Denn wenn du, vom Himmel angerührt, mich anrufst, wirst du Antwort von mir vernehmen. Klopfst du an die Tür, wird dir geöffnet.«

(SC III,10)

Der Mensch ist ein Vernunftwesen. Er kann sein Tun reflektieren und beurteilen. Der Heilige Geist ist wie ein »Lautsprecher« des Gewissens, das uns zum Guten antreibt.

Dieses Potenzial möchte Hildegard in den Menschen wecken und stärken. Auf dieses Potenzial wird sie selbst immer wieder in ihren Visionen verwiesen. Sie weiß: Gott ist unsere Kraft. Wer ruft, erhält Antwort; wer anklopft, dem öffnet sich die Tür. In seiner Güte und

Barmherzigkeit wartet Gott nur darauf, dass wir uns ihm zuwenden. Auch dieser Impuls kommt von ihm, aber wir müssen uns auch »von himmlischer Berührung« anrühren *lassen*. Hildegard weiß um die Gefahr, abzustumpfen, taub zu werden für das, was Gottes Geist uns sagt. Sie rät:

> »Entziehe dich nicht durch gewohnheitsmäßig schlechte Handlungen der Ermahnung des Heiligen Geistes, die in dir aufsteigt. ... Gott schaut durchs Fenster nach dir aus, weil er gütig und barmherzig ist.«
>
> (Brief 41R)

Umgekehrt ist nach Hildegard ein »tugendhaftes und heiligmäßiges Leben« eine Weise, *in voce cordis*, mit der Stimme des Herzens auf die Stimme des Schöpfers zu antworten und das ganze Leben zu einer Harmonie und Symphonie werden zu lassen (vgl. Caritas Christi, Nr. 4).

Impuls zur Reflexion: Haben sich vielleicht auch bei mir »gewohnheitsmäßig schlechte Handlungen« oder Haltungen eingeschlichen, die mich innerlich abstumpfen lassen? Heute bitte ich den Heiligen Geist um ein hörendes Herz.

7. Tag

»Die Gnade Gottes entzieht sich dir nicht, sondern gibt dir einen Wink und reicht dir die Hand, wenn du willst. ... Die Gnade Gottes erwartet dich nämlich und will dich wie ein Buch auf ihren Schoß nehmen. Daher bleibe immer an der Sonne.«

(Brief 361)

»Das Gebet besitzt eine große Kraft vor Gott.«

(Brief 360)

»Suche dir auch stille Orte, damit deine Seele nicht den Mut verliert.« (Brief 327)

In ihren Briefen gibt Hildegard ihren Adressaten immer wieder ganz praktische Ratschläge. Dazu gehört auch die Einladung, Zeiten der Stille zu suchen, in sich hineinzuhören und vor Gott zu verweilen.

Gott möchte seine Gnade austeilen, wie ein liebender Vater und eine liebende Mutter, die ihr Kind auf den Schoß nehmen und es liebkosen. Wie gut tut es, sich hineinzustellen in das warme Licht seiner Liebe – nicht nur in Zeiten, in denen wir den Eindruck haben, dass es in uns und um uns dunkel ist, in denen uns das innere Feuer fehlt, wenn wir mutlos zu werden drohen.

Impuls zur Reflexion: Heute nehme ich mir Zeit für mich, gehe in die Stille und lasse mich von der Sonne der göttlichen Liebe bescheinen und erwärmen.

Dritte Woche

Das Leben wählen, die Schöpfung hüten

Wunderbar ist die Schöpfung, in die Gott den Menschen gestellt hat und in der er am Werk ist.

»Alles durchdringst du: die Höhen, die Tiefen, den Abgrund. Du fügst und bindest alles in eins! Durch dich wogen die Wolken, wehen auf die Lüfte, die Steine glänzen vom Tau, Quellen sprudeln hervor, durch dich quillt aus der Erde das frische Grün. ...Darum sei Lob dir, du Klang allen Lobes, du Freude des Lebens, du Hoffnung und höchste Zier, der du uns schenkst die Gaben des Lichts!«

(Symphonia 19)

Und wunderbar ist die Aufgabe und Berufung des Menschen: dem Leben zu dienen, die Schöpfung zu hüten, Mitarbeiter Gottes zu sein und uns einzuschwingen in das Wirken dieses Gottes, der uns seine Welt anvertraut hat. Diese Aufgabe, diese Berufung wahrzunehmen – im doppelten Sinne: sie zu erkennen und entsprechend zu handeln –, das heißt: das Leben wählen, kreative Hüter der Schöpfung sein.

Als Menschen stehen wir freilich in der Auseinandersetzung, sind je neu vor die Entscheidung gestellt zwischen Gut und Böse, Höhe und Tiefe, Licht und Finsternis, Lebenserfüllung und Lebensverderben ... Immer wieder haben wir uns für das Leben und die Liebe, das Gesetz des Lebens, zu entscheiden.

1. Tag

»Die Erde erscheint gleichsam als Blüte der Schönheit und als Schmuck der Ehre der Gotteskräfte, indem sie den Menschen hervorbringt und ernährt, um dabei alle Welt, die im Dienst des Menschen steht, zu halten und zu hegen, da sie alles in ihrer Kraft gut und richtig ordnet. Die Kraft dieses Gottes wird durch die Erde verherrlicht, weil sie es ist, die den Menschen, der Gott zu jeder Zeit loben und ehren soll, in allen jenen Belangen unterstützt, die der Körper braucht. Auch alles Übrige, das sich auf den Nutzen des Menschen bezieht, hält sie fest, da sie sich selber allen zum Gedeihen auftut.«

(LVM IV,28)

Wir können es uns nicht oft genug bewusst machen, wie wohl geordnet Gott seine Schöpfung und wie reich er sie ausgestattet hat; denken wir nur an die Weiten des Alls, an das Zusammenspiel der Naturgesetze, an unser »Haus im All«, die Erde, an die Artenvielfalt im Reich der Flora und Fauna, die bunten Landschaften, die reichen Bodenschätze, die Luft zum Atmen: ein überaus kostbarer Lebensraum voller guten Gaben. Die Schöpfung steht dem Menschen »zu Diensten«, dass sie ihn unterstütze, nähre, Körper und Geist erfreue ...

Impuls zur Reflexion: Heute nehme ich bewusster wahr, was die Natur mir alles schenkt. Zum Beispiel beim Essen. Ich nehme mir Zeit, es zu genießen, zu schmecken und auch dafür zu danken.

2. Tag

»Ich, der Baumeister der Welt, gab meinem Werk, dem Menschen nämlich, mit jener Wissenschaft, die ich in ihm anlegte, die Möglichkeit, seine eigenen Taten zu wirken, auf dass er mittels der Erde und des Wassers, über die Luft und das Feuer, aus denen auch er selber besteht, seine Werke zur Vollendung brächte.
Immer wenn er Gutes wirkt, wird ihm der Schmuck aus seinen guten Taten in der Herrlichkeit des unerschöpflichen Lichtes auf ewig vorbereitet, so wie auch das Firmament mit den Gestirnen und wie die Erde mit den Blüten hier in der Zeit geschmückt werden.«

(LVM VI,59)

Wir Menschen, die wir aus den Elementen der Schöpfung bestehen, können und sollen in dieser Schöpfung agieren, Dinge voranbringen, »unsere Werke zur Vollendung bringen«. Die entscheidende Frage dabei ist, ob wir »Gutes wirken«. Wir stehen in der ewigen Versuchung, uns selbst zum Maßstab aller Dinge zu machen; uns zu reduzieren und zufrieden zu geben mit dem Vordergründigen. Als vernunftbegabte Wesen aber haben wir die Gabe der Erkenntnis; Hildegard spricht vom »Auge der Weisheit«. Die Weisheit lässt uns begreifen, dass wir das, was wir ersehnen, nicht aus eigener Kraft erreichen können, sondern uns nur von Gott schenken lassen können. Denn:

> »Gott selbst hat sein Leben in sich, sein Können in sich, sein Wissen in sich. Der, der lebt; der, der kann; der, der weiß – ist Gott. In diesen drei Vermögen sind alle Werke Gottes begründet und vollendet. In ihm tragen seine Werke die Möglichkeit ihrer Verwirklichung.«
>
> (LVM I,36)

Gott aber hat den Menschen, sein Ebenbild und Mitte des »Weltenbaus«, zum »Geheimnisträger« der göttlichen Wirklichkeit gemacht. Es ist Gottes Geist, der ihm das Geheimnis, das er in sich trägt, entschlüsselt. »Durch seinen Verstand und die Teilhabe am Heiligen Geist ist der Mensch befähigt und aufgerufen, sich an der Gestaltung der Welt aktiv zu beteiligen« (Klammer, 79). Wichtig dabei ist, um den Gottesgeist zu bitten und sich von ihm leiten zu lassen.

»Wir Kräfte sind in Gott,
in Gott verharren wir …
Böses und Gutes scheiden wir …
So lasst uns kämpfen auch jetzt
und denen zu Hilfe eilen, die uns rufen.«

(SC III,13,9)

Impuls zur Reflexion: Heute halte ich hin und wieder inne und bete in einem »Stoßgebet« um den Heiligen Geist, dass er mein Tun und Denken leite.

3. Tag

»Wer seinem Gott vertraut, wird auch den Bestand der Welt ehren; den Lauf von Sonne und Mond, Wind und Luft, Erde und Wasser, alles, was Gott um der Ehre des Menschen willen und zu seinem Schutz geschaffen hat. Einen anderen Halt hat der Mensch nicht; gibt er diese Welt auf, dann wird er von den Dämonen vernichtet und aus dem Schutze der Engel entlassen.«

(LDO I,2,22)

Welt und Mensch schweben nicht »im luftleeren Raum«. Hildegard wird nicht müde, auf ihren Urgrund und vitalen Bezugspunkt zu verweisen: Gott. Und gerade *weil* Gott ihr so viel bedeutet, liegt ihr auch seine Schöpfung so sehr am Herzen. Wer Gott liebt, wird »den Bestand der Welt ehren ..., alles, was Gott um der Ehre des Menschen willen geschaffen hat und zu seinem Schutz«. Ehrfurchtsvoll müssen wir mit der Welt umgehen. »Einen anderen Halt hat der Mensch nicht«, stellt Hildegard kurz und bündig fest. Und doch geht er »mit der Welt um, als hätte er noch eine zweite im Kofferraum«, wie Jane Fonda es einmal prägnant formuliert hat. Umweltschäden, Artensterben und Klimawandel zeigen auf erschreckende Weise, was passiert, wenn wir die »Ehrfurcht« vor der Schöpfung verlieren. Wir ruinieren unseren Lebensraum und geben damit uns selbst der Vernichtung preis. Wir wissen so viel darüber. Inwieweit bestimmt es unser alltägliches Handeln, unsere kleinen und großen Entscheidungen? Wer kann Gott lieben und seine Schöpfung mit Füßen treten? Höchste Mystik und ganz irdisch-pragmatische Überlegungen gehören zusammen: Auch das können wir von Hildegard lernen.

Impuls zur Reflexion: Heute achte ich darauf, nicht unnötig Energie zu verschwenden. Vielleicht kann ich zu Fuß gehen oder das Fahrrad anstelle des Autos nehmen. Vielleicht überprüfe ich einmal ganz konkret anhand eines »CO_2-Rechners« im Internet meine »Energiebilanz« und meinen Lebensstil ... – aus Achtung vor dem Schöpfer und seinen Werken.

4. Tag

»Die Schöpfung war geschaffen, um dem Menschen dienstbar zu sein. Keinerlei Widerstand spürte sie in sich. Doch als sich der Mensch anmaßte, ungehorsam gegen Gott zu sein, verlor auch sie ihre Ruhe und geriet in Aufruhr. Viele und große Nachteile brachte sie dem Menschen. Weil der Mensch selbst sich zum Bösen geneigt hatte, sollte er durch die Schöpfung gestraft werden. Was bedeutet das? Weil sich der Mensch am Ort der Wonne Gott widersetzte, lehnt sich nun die Schöpfung, die ihm zu Diensten gewesen war, gegen ihn auf.

(SC I,2,27)

Wenn die Welt durch Verschulden des Menschen aus den Fugen gerät, so Hildegards Erkenntnis, dann verliert der Mensch nicht nur seinen Lebensraum; die Elemente selbst geraten aus dem Gleichgewicht und wenden sich gegen ihn. Der Mensch ist den Elementen schutzlos ausgeliefert.

Dort aber, wo wir achtsam mit Menschen, mit Tieren, Pflanzen und Dingen umgehen, werden wir – über kurz oder lang – die positiven Auswirkungen wahrnehmen.

Impuls zur Reflexion: Heute überlege ich, wo ich sorgsamer mit den mir anvertrauten Dingen umgehen kann. Ich nehme mir ein wenig Zeit für die Frage, wie es bei mir, in meinem Leben, um die Achtsamkeit steht. Gibt es Dinge, Bereiche, wo ich spüre: Da müsste ich »eigentlich« etwas ändern!? Vielleicht kann ich heute *einen* konkreten Schritt tun.

5. Tag

»Und ich hörte, wie mit einem wilden Schrei die Elemente der Welt riefen: Wir können nicht mehr laufen und unsere Bahn nach unseres Meisters Bestimmung vollenden. Denn die Menschen kehren uns mit ihren schlechten Taten wie in einer Mühle von unten nach oben. Wir stinken schon wie die Pest und vergehen vor Hunger nach der vollen Gerechtigkeit.«

(LVM III,2)

»Alle Winde sind voll vom Moder des Laubes, die Luft speit Schmutz aus, sodass die Leute nicht einmal mehr recht ihren Mund aufzumachen wagen. Auch welkte die grünende Lebenskraft durch den gottlosen Wahn der verblendeten Menschen, die nur ihrer eigenen Lust folgen ...

> Der Mensch ist ein Rebell. Er liegt quer zur Schöpfung. Er zerreißt sie in ihre Einzelteile und vergisst seinen Schöpfer.«
>
> (LVM III,3)

Hildegards Visionen handeln von Gottes Weg zu den Menschen (Schöpfung, Erlösung, Vollendung) und vom Weg des Menschen zu Gott (Weltverantwortung). Gott will das Heil des Menschen, er soll ganz sein; und er will die Integrität seiner Schöpfung wiederherstellen, die durch den Missbrauch der menschlichen Freiheit verloren gegangen ist. Hildegards Formulierungen sind drastisch: Ihre Visionen geben erschreckende Einblicke in das Zerstörungswerk des Menschen. Dieser muss sich von der ihm anvertrauten Welt Verblendung, Irrwahn vorwerfen lassen. Weil der Mensch seine Herkünftigkeit als Gottes Geschöpf vergessen und selbstherrlich seiner Macht und Souveränität gefrönt hat, ist der ursprüngliche gottgewollte Zusammenhang von allem zerrissen und einem unübersichtlichen Chaos gewichen. Der Lebensnerv, die »Grünkraft«, wie Hildegard sagt, ist wesentlich getroffen.

Die Schöpfung beklagt sich, dass der Mensch sie »zerreißt«. Auseinanderpflücken und analysieren, Einzelnes untersuchen bis ins Allerkleinste hinein, das gehört zum naturwissenschaftlich-technischen Zugang und Umgang mit der Welt; es hat sein Gutes und seine Berechtigung. Aber wir brauchen auch den synthetisch-weisheitlichen Blick aufs Ganze, wir brauchen das Staunen und die Poesie. Die Welt und alles in ihr ist je mehr als die Summe der Teile. »Es ist wichtiger, sich über eine Rosenblüte zu freuen, als ihre Wurzel unter das Mikroskop zu legen«, schrieb Oscar Wilde. Es ist wichtiger, den Menschen vor mir als Ganzen, ja als gottgewolltes Geschöpf zu sehen, als mich bei diesem oder jenem Aspekt aufzuhalten ...

Impuls zur Reflexion: Heute prüfe ich selbstkritisch meinen Blick auf die Welt, in der ich lebe. Ist er von Ehrfurcht und Wertschätzung geprägt? Hat der Dank für Gottes Gaben einen Platz in meinem Herzen?

6. TAG

»Der alles sieht, spricht: Du hast Augen, damit du sehen und ringsum alles überschauen kannst. Wo du Schmutz siehst, wasche ihn ab, was dürr ist, lass grün werden, und sorge, dass deine Gewürze schmackhaft sind. Wenn du keine Augen hättest, könntest du dich entschuldigen. Nun aber hast du Augen. Warum schaust du nicht um dich?«

(Brief 159R)

Hildegard appelliert an das Urteilsvermögen des Menschen: »Mach die Augen auf und schau um dich!«, lautet ihr Rat. Wer mit offenen Augen durch die Welt geht, kann die Not nicht übersehen. Dann wird man schon verstehen, wo Abhilfe zu schaffen ist. Gott nimmt es uns nicht ab. Er fordert uns auf, genau hinzuschauen, zu verstehen und zu handeln. Sehen – urteilen – handeln: Das ist ein bewährter Dreischritt verantwortlichen Lebens. Der Blick in die Welt zeigt ja überdeutlich, dass sie nicht bleiben kann, wie sie ist. Wenn wir hören, wie Hildegard das Klagen der Elemente ins Wort bringt, könnte man meinen, sie beschreibe die Verhältnisse im 21. Jahrhundert. Menschengemachte Missstände und Nöte gibt es viele. »Wo du Schmutz siehst, wasche ihn ab, und was dürr ist, lasse grünen«, sagt Gott zum Menschen.

Gott ist ein Freund des Lebens. Was vertrocknet ist und tot, soll wieder grünen und leben. Und wenn er mit dem Menschen ins Gericht geht, dann aus eben diesem Grund: um es wieder »zu richten«. Er ist der Gott des neuen Anfangs, er selbst tut den ersten Schritt: Er sendet seinen Sohn. In Christus finden wir den Weg zurück zu unserem heilen Ursprung. Wir brauchen keine Scheu zu haben, unser Versagen einzugestehen. Wir können neu beginnen, mehr noch: mithelfen, dass grünt und aufblüht, was dürr ist.

Impuls zur Reflexion: Heute schaue ich genauer hin, um meine Umgebung bewusster wahrzunehmen und mein Herz dem zu öffnen, der meiner Hilfe bedarf.

7. Tag

»Wie könnte so große Herrlichkeit und Ehre, wie sie euch gegeben ist, ohne Prüfung bleiben, als wäre sie nichtig und eitel? Gold muss im Feuer geläutert, kostbare Steine müssen gereinigt und geschliffen und alle derartigen Dinge müssen nach jeder Richtung hin untersucht werden. Soll also, ihr törichten Menschen, das, was nach dem Ebenbild und Gleichnis Gottes geschaffen ist, bestehen können, ohne sich bewährt zu haben? Mitnichten. Mehr als jedes andere Wesen muss der Mensch geprüft werden, und seine Prüfsteine sind die Geschöpfe.«

(SC I,2,29)

»Stehe in Beständigkeit – Gott und den Menschen gegenüber! In all deinen Trübsalen wird Gott dir beistehen. Bei all deinen Werken schenke Gott dir seinen Segen und seine Hilfe.«

(Brief 318)

Hildegard ist Realistin. Sie weiß aus eigener Erfahrung: Würde und Elend sind die beiden Pole, zwischen die das Leben des Menschen gespannt ist. Die Welt ist ein Ort der Bewährung; nicht von ungefähr heißt Hildegards erstes Werk »Wisse die Wege«. Als »Spiegel aller Wunder Gottes« soll der Mensch dessen Werk auf der Erde weiterführen: So groß ist seine Berufung! Die Geschichte wie unser eigenes Leben zeigen aber oft genug, wie wenig wir Gottes Wege erkennen, geschweige denn gehen. Und die größten Prüf- und Stolpersteine sind oft die Geschöpfe. So armselig ist der Mensch!

Dennoch ist Hildegard voller lebensfroher Zuversicht: Der Mensch kann sich bewähren – und er ist dabei nicht auf sich allein gestellt. Gott selbst lädt ihn ein: »Lass dich von der Berührung meiner Gnade treffen« (SC I,4,30). In jeder Lage können wir uns an Gott wenden: »Schreie sogleich, bete, bekenne und weine, damit Gott dir zu Hilfe eilt … und dir Kraft zum Guten gewährt« (ebd.).

Impuls zur Reflexion: Heute vertraue ich Gott all das an, was mich beschäftigt und bedrängt.

Vierte Woche

Heil werden in Gott

»O Herr, ich erkenne deine Güte ... Du ließest mir meine Freiheit. Und im Kampf gegen mich selbst vollbringe ich Gutes. Du urteilst stets gerecht und überschreitest nie das Maß. Du schonst mich barmherzig in deiner Macht. Ich neige mich deshalb vor dir und gebe um deiner Barmherzigkeit willen deinem Namen die Ehre.«

(Gebet)

Der Mensch gehört als Gottes Geschöpf zur irdischen wie zur himmlischen Welt. Wenn er aus eigener Schuld die Verbindung zu seinem Schöpfer unterbricht, kann das Leben – die »Grünkraft«, sagt Hildegard – nicht mehr fließen. Er erkennt Gott und sein Wirken nicht mehr, sieht nicht mehr den inneren Zusammenhang der Schöpfung und seinen Platz darin. Hildegard verschweigt die dunkle Seite der menschlichen Existenz nicht: die Schwäche und Sünde, die Begrenztheit und das Versagen. Dies nicht ernst zu nehmen, hieße, die Freiheit und Verantwortlichkeit nicht ernst zu nehmen.

Gott aber will, dass wir *ganz* sind, dass wir heil werden, dass wir an Leib und Seele gesunden. Zur Heilung gehört für Hildegard ganz wesentlich die Verbindung zu Gott, die Wiederaufnahme, die Intensivierung der Gottesbeziehung. Sie spricht von »restitutio«, von der Rückführung des Menschen in den Zustand ursprünglicher Integrität und Ganzheit.

1. Tag

»Gott, der mich erschaffen hat, ... ist auch meine Kraft, weil ich ohne ihn nichts Gutes zu tun vermag, weil ich nur durch ihn den lebendigen Geist habe, durch den ich lebe und bewegt werde, durch den ich alle meine Wege kennenlerne.«

(LDO I,3,5)

»Indem die Seele den Leib mit ihren Kräften durchtränkt, bewirkt und vollendet sie alle Handlungen .... Der Mensch wird dabei zum blühenden Garten, in dem der Herr seine Augen weidet. ... Der Mensch, der Gutes wirkt, gleicht einem Obstgarten, der von den Früchten guter Werke voll ist.«

(LDO I,4,82)

In ihrer bildreichen Sprache vergleicht Hildegard den Menschen, »der Gutes wirkt«, mit einem blühenden Garten, an dem Gott seine

Freude hat. Die »Werke«, die der Mensch tut, wirkt er dabei nicht aus sich selbst, aus eigener Kraft. Es ist der »lebendige Geist« des dreifaltigen Gottes, der ihn antreibt und den Weg weist. Denn Gottes Liebe zum Menschen und zur Welt ist ungebrochen. Er wirbt um die Liebe des Menschen. Damit der Mensch den Weg zu Gott (wieder)findet, hat dieser seinen Sohn in die Welt gesandt. In ihm, Christus, erkennt der Mensch seine Gottebenbildlichkeit; in der Nachfolge Jesu nimmt sie konkrete Gestalt an. So schön ist das, dass ein Mensch, der sich auf diesen guten Weg begibt, für Gott selber zur »Augenweide« wird. Wir können trotz aller Schwäche und Gebrochenheit »dem lieben Gott eine Freude machen« (Therese von Lisieux). So wie es eine Mutter, einen Vater freut, wenn ein Kind, das etwas ausgefressen hat, zu ihnen kommt und durch ein kleines Zeichen zeigt, wie wichtig sie ihm sind.

Impuls zur Reflexion: Heute freue ich mich an der Zusage: »Die Liebe Gottes ist ausgegossen in unsere Herzen durch den Geist, der uns gegeben ist« (Römer 5,5). So groß ist diese Liebe, dass er sich an uns freuen kann!

2. TAG

»Du sollst das Erdreich in dir bearbeiten, damit es nicht unfruchtbar dahindörrt. Dazu aber musst du dich mit ganzer Herzkraft sammeln, auf eines konzentrieren, damit du dein Herz nicht an die Wechselhaftigkeit rastloser Gesinnungen gewöhnst. Im Grunde gleichst du der guten Erde, die häufig von angemessenem Nass durchtränkt wird, damit sie schöne und liebliche Kräuter hervorbringt. Wie du das verstehen sollst?
Wenn der Mensch sich in Maßen ernährt, dann ist auch sein Verhalten fröhlich und umgänglich. Wenn er aber im Übermaß der Schmausereien und Gelage dahinlebt, dann legt er zu jedem schändlichen Fehler in sich den Keim. Wer andererseits seinen Körper durch unvernünftige Enthaltsamkeit schädigt, der geht immer wie zornig umher.«

(CC)

Zweierlei ist nach Hildegard wichtig für ein ganzheitliches Leben: *discretio* und *temperantia,* die Konzentration auf das Wesentliche, das wirklich Wichtige, und die Bereitschaft zum Maßhalten. Auf die richtige Balance kommt es an!

Hildegard bezieht diese Grundhaltungen auch ganz konkret auf die Arbeit und auf die Ernährung. Bekommt eine Pflanze zu viel Wasser, ertrinkt sie; ist man zu sparsam beim Gießen, vertrocknet sie. Der »goldene Mittelweg« heißt Ausgewogenheit. Darin sieht sie auch die Gewähr für ein ausgeglichenes Gemüt; es wirkt sich auch positiv auf das Verhalten den Mitmenschen gegenüber aus – eine schlichte Erfahrungstatsache, auf die Hildegard in vielen Briefen an Ratsuchende verweist. Wie aktuell ist ihr Rat:

> »Der Mensch muss sich davor hüten, durch zu viel Arbeit seinen Leib zu töten.«
>
> (CC)

Impuls zur Reflexion: Wohin tendiere ich: zum »Zuviel« oder zum »Zuwenig«, zur Verschwendung oder zum Geiz, zu unmäßigem Genuss oder allzu großer Askese? Heute suche ich in *einer* Sache einmal bewusst nach dem rechten Maß.

3. Tag

»Der Mensch soll nicht versuchen, den rechten Tugendweg maßlos zu wandeln. Die Maßlosigkeit dieser Haltung lenkt ihn dann auf Unzuträgliches ab und führt die Enthaltsamkeit in ihm auf ein übertriebenes Maß des Gewissens, sodass er sich dann in seiner Maßlosigkeit auch erlaubter Dinge enthält ... Indem er wähnt, er ... triefe nur so von Gewissenhaftigkeit, bereitet er sich den Fallstrick der Ermüdung, weil er bei solcher unangemessenen Enthaltsamkeit die Zartheit des Mutes und der Vorsicht verlässt. Schließlich zweifelt er, ob er sich überhaupt noch halten könne und fällt auf diese Weise in die Schlinge der Verzweiflung.«

(LDO I,3,14)

»Hüte dich, o Mensch, höher emporzusteigen, als deine Kraft zu tragen vermag. In all deinen Unternehmungen halte vielmehr

Maß, damit du durch alles hindurchgeführt wirst und nicht etwa zu Fall kommst.«

(Brief 118)

»Unterscheidung der Geister« und »Maßhalten« braucht es auch im geistigen Bereich, auf spiritueller Ebene. Wenn man bestimmte Haltungen oder Gewohnheiten einseitig übertreibt, kann das in Überforderung ausarten und in der Resignation enden; die »Vermessenheit« in der Selbsteinschätzung hat nicht selten tiefe Selbstzweifel zur Folge, weil man dem eigenen Anspruch doch nicht gerecht werden kann.

Ein weiterer Aspekt kommt in den Blick: die *Demut*; anders gesagt: jene gelassene Bescheidenheit, die um sich selbst und die eigenen Grenzen weiß. Es tut gut, sich in aller Einfachheit immer wieder für Gottes Gnade zu öffnen: Wir sind und bleiben »Menschen auf dem Weg«. Gerade im Blick auf uns selbst ist Realitätssinn gefragt.

Impuls zur Reflexion: Heute habe ich den Mut, Dinge liegen zu lassen – und mir von anderen Menschen helfen zu lassen, vielleicht auch Hilfe zu suchen.

4. Tag

»Seid wie der Tag, der vom niederfallenden Tau in der Frühe berührt und nachher zu sanfter Kühle gemildert wird. So sollt ihr alles unterscheiden und prüfen und in rechter Weise für das sorgen, was für euch und andere gut ist.«

(Brief 70R)

»Je mehr der Mensch durch wahre Selbstzucht die Herrschaft über sich selbst erlangt, desto bereiter neigt er sich in barmherziger Liebe dem hilfsbedürftigen Nächsten zu.«

(LVM I)

(An den Abt eines Klosters:) »Führe deine Herde in Barmherzigkeit, indem du Gott nachahmst, der Barmherzigkeit lieber will als Brandopfer. Und mühe dich auch, alle deine Werke in wahrer Demut zu tun.«

(Brief 118)

Zur Integrität und Ganzheit finden ist eine lebenslange Aufgabe. Es braucht Entschiedenheit und Eigeninitiative, um eingefahrenen Gewohnheiten und schädlichen Verhaltensweisen entgegenzuwirken; es braucht persönlichen Einsatz und Eigenverantwortung für den inneren Heilungsprozess.

Nicht weniger wichtig ist das Ja zur (bleibenden) Unvollkommenheit. Wir müssen uns annehmen mit unseren Schwächen und Fehlern. Ist nicht auch Gott gütig und barmherzig mit uns? Selbst unsere Verwundungen »können uns zu Zeichen göttlicher Liebe und Heilung werden« (Klammer, 56).

Hildegard weist auch auf den Zusammenhang von Selbst- und Nächstenliebe hin: Wie will ich mit den Mängeln der anderen nachsichtig sein, wenn ich mir selbst nicht den kleinsten Fehler verzeihen kann? Wer mit sich selbst barmherzig ist, wird es auch leichter mit den anderen sein. Und das heißt nichts anderes als »Gott nachahmen«, der »barmherzig und gnädig, langmütig und reich an Güte« ist (Psalm 103,8).

Impuls zur Reflexion: Heute ertrage ich geduldig meine Fehler und lächle über die der anderen.

5. Tag

»Der Mensch sollte alle seine Werke zunächst einmal in seinem Herzen erwägen, bevor er sie ausführt.«

(LDO III,10,14)

[An Erzbischof Arnold von Trier:] »Hüte dich, das Gute in deiner Gesinnung und deinem Tun dir selbst zuzuschreiben, als ob es von dir stammte. Schreibe es vielmehr Gott zu. Von ihm gehen ja alle Tugendkräfte aus wie Funken vom Feuer ... Wer nämlich das Gute, das er in sich erkennt, sich selbst zuschreibt, gleicht einem Götzendiener, der das Werk seiner Hände anbetet und verehrt.«

(Brief 28)

Erst denken, dann reden und handeln, könnte man Hildegards Rat deuten. »Im Herzen erwägen«, das meint: Das Für und Wider meines Tuns abwägen, die Konsequenzen bedenken und sich nicht zuletzt über die zugrundeliegende Absicht klar werden. Denn aus dem Herzen kommen gute wie böse Gedanken, erklärt Jesus (vgl. Markus 7,21 und Matthäus 15,19).

Unermüdlich warnt Hildegard davor, sich selbst zuzuschreiben, was man geleistet hat. Das ist für sie nichts anderes als »Götzendienst«, weil es einer gottvergessenen Selbstverherrlichung gleichkommt.

Einerseits nichts unterlassen, was die Liebe erfordert, und sich mit ganzer Kraft mühen, andererseits wissen, dass alle Kraft von Gott kommt, und sie von ihm erbitten! Es macht niemanden kleiner, wenn er das Gute, das er zuwege bringt, in erster Linie Gott zuschreibt. Im Gegenteil: Die liebsten Zeitgenossen sind doch die, die es nicht nötig haben, sich zu brüsten: innerlich freie, losgelöste Menschen.

Impuls zur Reflexion: Heute könnte ich einmal darauf achten, nicht unbedacht und vorschnell das Wort zu ergreifen oder zu agieren.

Und ich danke Gott, dass seine Liebe mich in meinem Tun »beflügelt«.

6. Tag

»Wie man den Weizen von der Spreu sondert, so worfelt die *discretio*, die Kraft der Unterscheidung, mit der größten Sorgfalt alle Dinge durch, hält fest, was festzuhalten ist, und scheidet aus, was ausgeschieden werden soll ... Die Glut göttlicher Güte weht aus der hellleuchtenden Wolke der göttlichen Barmherzigkeit in die Geister der Menschen und erleuchtet sie ... Der Heilige Geist teilt die mannigfachen Strahlen seiner Gnadengabe unter die Menschen aus. Lichter als die Sonne sind diese Strahlen. Sie zerteilen sich und dringen auf unaussprechliche Weise durch die Spalten der Demut in Sinn und Geist der Gläubigen ein, sodass diese aufs Klarste die ihnen von Gott gestellte Aufgabe erkennen.«

(SC III,6)

»Gott sucht nicht immerzu Himmlisches in dir.«

(Aus einem Brief)

Solange wir leben, sind wir auf dem Weg. Heil werden, ganz sein, unsere *integritas* finden, das verlangt das Herausfinden und -stellen dessen, was wertvoll ist, die Kunst und Gabe der rechten Unterscheidung. In diesen Prozess »der Heilung und Heiligung« gehört auch das Irdische, das ganz Menschliche, auch unser Leib ganz mit hinein.

In einer Vision erhält Hildegard Einblick in das göttliche Vaterherz: Sie sieht darin einen »schmutzigen Lehmklumpen«, umgeben von kostbaren Steinen. Zur Erklärung hört sie, der Lehmklumpen sei der Mensch, den Gott »aus Liebe zu seinem Sohn« in seiner Brust trage. Die kostbaren Steine stehen für die gottgeschenkten »Tugendkräfte«, die in Gott »in aller Herrlichkeit leuchten« (SC III,1,4). Im Menschen sieht Gott sich selbst: Jesus Christus, seinen menschgewordenen Sohn. Er hat unser *ganzes* Menschsein geteilt, nichts Menschliches ist ihm fremd. Selbst die Erfahrung der Gebrechlichkeit unseres Leibes hat da ihren Platz.

Impuls zur Reflexion: Ganz sein, heil werden, das heißt im Tiefsten, sich *ganz* von Jesus und seinem Geist ergreifen und durchdringen zu lassen.

7. Tag

»Nun höre, o glücklicher Mensch: Gott hat dich nicht so geschaffen, dass du ganz zugrunde gehst. Schaue vielmehr eifrig auf ihn, und du wirst in Ewigkeit leben.«

(Brief 365)

»Im Himmel ist meine Heimat, dort begegne ich auch den Geschöpfen. Gottes Liebe ist mein Verlangen, den Turm der Sehnsucht will ich errichten. Was du, Gott, willst, das will ich tun. Mit den Flügeln des guten Willens fliege ich über des Himmels Gestirne, um deinen Willen zu tun. Nichts mehr bleibt mir zu suchen und zu wünschen, ich sehne mich nur noch nach dir. Lass mich, o Gott, dein Saitenspiel sein und der Zitherklang deiner Liebe.«

(Gebet)

Wie in einem Schlussakkord erklingt noch einmal Hildegards Botschaft: Gott will das Heil des Menschen, dass er für immer lebe. Es genügt, dass sich der Mensch diesem Gott und seiner Liebe öffnet.

Die Seele entstammt der himmlischen Harmonie, so gab Hildegard uns zu verstehen. Dort hat der Mensch seine Heimat, dort findet er »alle Geschöpfe«, die geschaffene Welt. Für Hildegard kann auch »die Einheit von Leib und Seele nie und nimmer aufgehoben werden« (Klammer, 50): Am Jüngsten Tag soll vielmehr auch die »leibliche Wohnstätte« der Seele ihre Herrlichkeit erkennen (vgl. LDO I,4,104).

So zeigt Hildegard uns ein großartiges Gesamtbild, eine Synthese, in der alles zusammenfließt: Gott, Schöpfung, Mensch, Leib und Seele. Symphonisch ist alles Sein, hervorgegangen aus der dreifaltigen Liebe. Getragen von den Flügeln der göttlichen Gnade findet der Mensch seine *integritas*, wenn er ganz für Gott und aus seiner Barmherzigkeit lebt. In Gott aber findet er auch die Geschöpfe, in Gott findet er seinen ureigenen inneren Ton und singt mit allen die Symphonie der göttlichen Liebe. Hier und heute kann schon etwas davon erklingen.

Impuls zur Reflexion: Heute will ich wenigstens einen Menschen etwas von dieser Liebe spüren lassen.

LEBENSDATEN

1098	Hildegard wird in Bermersheim bei Alzey (Rheinhessen) als zehntes Kind der Adligen Hildebert und Mechtild von Bermersheim geboren.
1101	Hildegard hat ihre erste Vision.
1106	Hildegard kommt zur Erziehung nach Disibodenberg; ihre Lehrerin ist Jutta von Spanheim.
1112	Einzug in die Klause auf dem Disibodenberg.
1136	Tod Juttas von Spanheim; Hildegard wird zur Magistra gewählt.
1141	»Und siehe! Im dreiundvierzigsten Jahr meines Lebens schaute ich ein himmlisches Gesicht. Ich sah einen sehr großen Glanz, aus dem eine himmlische Stimme erscholl. Sie sprach zu mir: ... Sage, was du siehst und hörst, und schreibe es auf.« Hildegard beginnt mit der Niederschrift ihrer Visionen; ihre Sekretäre sind der Mönch Volmar vom Disibodenberg und die Ordensfrau Richardis von Stade.
1141–1151	*Liber Scivias Domini* (Wisse die Wege des Herrn); Arbeit an Liedkompositionen und einem Mysterienspiel.
1146/47	Briefwechsel Hildegards mit Bernhard von Clairvaux; Hildegard erbittet Rat wegen ihrer Visionen.
1147/48	Papst Eugen lässt Hildegards Visionen prüfen und bestätigt ihre Gabe der Schau.

	Hildegard fasst den Plan einer Klostergründung auf dem Rupertsberg und setzt ihr Vorhaben gegen Widerstände durch.
1148–1150	Bau des Klosters auf dem Rupertsberg.
1150	Übersiedlung in das neue Kloster auf den Rupertsberg bei Bingen, zusammen mit 18 bis 20 Schwestern.
1147–1179	Umfangreicher Briefwechsel mit bedeutenden Persönlichkeiten.
1151	Hildegards Sekretärin Richardis von Stade wird zur Äbtissin des Stifts Bassum bei Bremen gewählt und verlässt Hildegard.
1151–1158	Abfassung der Natur- und heilkundlichen Schriften (*Physica* und *Causae et Curae*).
1152	Am 29. Oktober stirbt Richardis.
1158–1163	Niederschrift des *Liber vitae meritorum* (Buch der Lebensverdienste). In diese Zeit fällt Hildegards erste dreijährige Krankheit (1158–61).
1158–1170/1	Öffentliche Predigten, u. a. in Mainz, Trier und Köln.
1163–1173/4	Niederschrift des *Liber divinorum operum* (Buch der göttlichen Werke).
1163	Treffen mit Kaiser Friedrich Barbarossa in Ingelheim.
1164	Auf Bitten der Mainzer Domherren verfasst Hildegard ein Schreiben über die Katharer, die am Rhein auftreten.
1165	Gründung des Klosters Eibingen oberhalb von Rüdesheim; Hildegard wird auch dort Äbtissin.
1167–1170	Erneute Krankheit, die Hildegard ans Bett fesselt.

1170	Abfassung der Vita S. Dissibodi, auf Wunsch des Abtes vom Disibodenberg.
1173	Hildegards Sekretär Volmar stirbt.
1174	Der Mönch Gottfried vom Disibodenberg wird Hildegards Sekretär und beginnt die Vita Hildegardis (Buch I).
1177	Nach Gottfrieds Tod (Anfang 1176) wird Wibert von Gembloux, mit dem Hildegard seit 1175 über ihre Visionen in Briefkontakt stand, Hildegards Sekretär.
1178/79	Konflikt mit der Mainzer Bistumsverwaltung.
1179	Am 17. September stirbt Hildegard auf dem Rupertsberg.

1180–1190	Mönch Theoderich von Echternach setzt die Vita Hildegardis (Buch II und III) fort und schließt sie ab.
1227	Erster Antrag auf Heiligsprechung Hildegards.
15. Jh.	Hildegard wird als »Nonne und Prophetin« ins Martyrologium eingetragen.
1632	Das Kloster Rupertsberg wird im Zuge des Dreißigjährigen Kriegs zerstört.
1802	Kloster Eibingen bei Rüdesheim wird im Zuge der Säkularisation aufgelöst und in den folgenden Jahren teilweise abgerissen.
1900–1904	Bau der Abtei St. Hildegard oberhalb Rüdesheim.
2012	Heiligsprechung Hildegards und Erhebung zur Kirchenlehrerin.

QUELLEN UND LITERATUR

S. Hildegardis abbatissae opera omnia, in: Migne, J.-P. (Hg.), Patrologia Latina, Series prima. Bd. 197, Paris 1882.

S. Hildegardis Opera, in: Pitra, J. B. (Hg.), Analecta Sacra, Bd. 8 (Hildegardis Opera), Paris 1882.

Vita sanctae Hildegardis (lateinisch/deutsch), übersetzt u. eingeleitet v. M. Klaes (Fontes Christiani, Bd. 29), Freiburg i. Br. 1998.

Übersetzungen (in Auswahl):

Hildegard von Bingen, Werke, Bd. 1–8, hg. v. d. Abtei St. Hildegard in Eibingen, Beuron 2010–2014.

Hildegard von Bingen, Im Feuer der Taube. Die Briefe, übers. und hg. von Walburga Storch, Augsburg 1997.

Heilkunde (Causae et Curae), nach den Quellen übers. u. erl. v. H. Schipperges, Salzburg ^{4}1981.

Lieder. Nach den Handschriften, hg. v. P. Barth/ M. I. Ritscher/J. Schmidt-Görg, Salzburg 1969.

Der Mensch in der Verantwortung (Liber vitae meritorum), nach den Quellen übers. u. erl. v. H. Schipperges, Salzburg ^{2}1985.

Welt und Mensch (De operatione Dei), aus dem Genter Kodex übers. u. erl. v. H. Schipperges, Salzburg 1965.

Wisse die Wege (Scivias), nach dem Urtext ins Deutsche übertr. u. bearb. v. M. Böckeler, Salzburg ^{8}1987.

Weitere Literatur

Eduard Gronau, Hildegard von Bingen, Stein am Rhein ^{3}1999.
Ursula Klammer, Hildegard von Bingen. Wenn es um Gesundheit geht, Kevelaer ^{2}2008.
Barbara Stühlmeyer, Hildegard von Bingen. Leben – Werk – Verehrung, Kevelaer 2014.

ABKÜRZUNGEN

CC = Causae et Curae
LDO = Liber divinorum operum (De operatione Dei)
LVM = Liber vitae meritorum
SC = Scivias